EMPI... ...
LA GRATITUD

Un diario de gratitud para 26 semanas

Cambia de hábitos, cambia de vida

Marc Reklau

Advertencia

Este libro está diseñado para proporcionar información y motivación para nuestros lectores. Se vende con el bien entendido de que el autor no se dedica a prestar ningún tipo de consejo psicológico, legal o ningún otro tipo de asesoramiento profesional. Las instrucciones y consejos en este libro no pretenden ser un sustituto para el asesoramiento. El contenido de cada capítulo es la sola expresión y opinión de su autor. No hay ninguna garantía expresa o implícita por elección del editor o del autor incluida en ninguno de los contenidos en este volumen. Ni el editor ni el autor individual serán responsables de los daños y perjuicios físicos, psicológicos, emocionales, financieros o comerciales, incluyendo, sin exclusión de otros, el especial, el incidental, el consecuente u otros daños. Nuestros puntos de vista y derechos son los mismos:

Tienes que probarlo todo por ti mismo de acuerdo con tu propia situación, talentos e inspiraciones.

Eres responsable de tus propias decisiones, elecciones, acciones y resultados.

Marc Reklau

Visita mi web: www.marcreklau.com

ISBN: 9781704378022
Imprint: Independently published

Este
Diario de Gratitud

Pertenece a:

Melissa Vargas

Todo empieza con la gratitud

Si me has escuchado o has leído algunos de mis libros, ya sabes que soy un gran admirador de la gratitud. De hecho, la considero uno de los ingredientes más importantes para mi éxito. Cuanto más agradecido estoy, más éxito tengo.

Una de mis principales "herramientas" en los últimos años es un simple diario de gratitud, en el cual respondo a un par de preguntas simples cada día. Mi libro "El Poder de la Gratitud" ya incluye un diario de gratitud para de 90 días, por lo que el siguiente paso lógico ha sido publicar un diario completo de la gratitud para de 26 semanas. Casi medio año de gratitud probablemente tendrá un enorme impacto en tu vida.

Es sencillo. Sólo tienes que responder cada día a las 5 preguntas. **Siente la gratitud y la alegría mientras lo haces** (esto es súper importante) y observa lo que sucede. Probablemente milagros. Pero no confíes en mi palabra. Confía en los resultados de innumerables estudios sobre el tema.

Practicar la gratitud regularmente hará lo siguiente por ti:
La gratitud es una de las fuerzas más poderosas del Universo, y estar agradecido no sólo trae cosas buenas a nuestras vidas, sino que también nos hace descubrir cada vez más cosas que ya están allí. Y cuando hablo de practicar la gratitud, no hablo de practicarla una vez al año o de vez en cuando. Hablo de practicarla todos los días. Haz de la gratitud un estilo de vida.

Si quieres saber más sobre la gratitud, quizás te guste mi libro "El Poder de la Gratitud", donde explico todo lo que descubrí sobre la gratitud y te doy siete ejercicios simples que cambiarán tu vida. O simplemente puedes comenzar a trabajar con este diario. Estoy seguro de que hará su trabajo para ti y disfrutarás de los innumerables beneficios de la gratitud.

Cuando aprecias las cosas, crecen. Aprecia cada aliento, aprecia cada flor, disfruta más de la compañía de tus amigos. Cuando aprecias lo bueno en tu vida, lo bueno crece.

La gratitud es realmente el mejor antídoto para todas las emociones negativas. ¿Por qué? Porque no puedes sentir ningún tipo de preocupación, rabia o depresión mientras practicas la gratitud. Ni siquiera puedes enojarte por las circunstancias de tu vida actual mientras practicas la gratitud. No puedes estar agradecido e infeliz al mismo tiempo. No puedes estar agradecido y preocupado al mismo tiempo. Simplemente no es posible.

En un estudio realizado por Robert Emmons y Michael McCullough de la UC Davis, las personas que escribieron cinco cosas por las que estaban agradecidas todas las noches antes de acostarse fueron más optimistas, más felices, más saludables, más generosas , más benevolentes y mucho más propensas a lograr sus objetivos que las personas que no escribieron nada, o escribieron cinco quejas o escribieron cinco cosas en las que eran mejores que otros.

La gratitud te recarga de energía, aumenta tu autoestima y está directamente relacionada con el bienestar físico y mental. Te lleva directamente a la felicidad y, como mencioné antes, es el mejor antídoto contra la ira, la envidia y el resentimiento. La gratitud mejora no sólo tu salud y mentalidad, sino también tus relaciones (que, por cierto, son el predictor número uno de tu felicidad y éxito en el futuro). Si pasas tiempo siendo agradecido todos los días, naturalmente serás más feliz.

Otros beneficios probados de la "Actitud de gratitud" son más confianza, mejor salud, menos dolores de cabeza, mejor sueño y mayor nivel de disfrute de las experiencias de la vida. Otro efecto secundario positivo es que a medida que te vuelves más feliz, naturalmente "atraes" a personas, cosas y situaciones que te hacen más feliz y, por lo tanto, creas una vida que está más allá de tu imaginación más impresionante. Ese es el poder de la gratitud, la fuerza más poderosa del Universo.

Los investigadores descubrieron que hacer los ejercicios de gratitud durante sólo una semana te hará más feliz y menos deprimido, y verás una diferencia significativa después de uno, tres y seis meses. Incluso permanecerás significativamente más feliz y mostrarás niveles más altos de optimismo después de dejar de hacer los ejercicios. Aún así, te recomiendo que sigas haciendo los ejercicios porque harán milagros para ti. Mejorarás cada vez más en el escaneo del mundo en busca de cosas buenas. Verás más y más oportunidades donde sea que mires.

¿Por qué escribir en un diario?

Escribir todo en tu diario te dará un impulso adicional de felicidad, motivación y autoestima cada mañana y tarde. Lo bueno es que justo antes de irte a dormir, te centrarás en cosas positivas, lo que tendrá un efecto beneficioso en tu sueño y tu mente subconsciente. ¿Por qué? Porque tu enfoque estará en las cosas positivas del día y en la gratitud en lugar de las cosas negativas y las cosas que no funcionaron bien, las que probablemente te mantendrían despierto.

No te preocupes si las palabras no comienzan a fluir de inmediato cuando haces el ejercicio por primera vez. Es una cuestión de práctica. Si estás bloqueado y no puedes pensar en nada, simplemente quédate con él diario durante cinco minutos más. Confía en que las respuestas vendrán. Escribe las primeras cosas que te vienen a la mente sin pensarlas demasiado o juzgarlas. Estas cosas son a menudo correctas.

No te preocupes por tu estilo o tus errores. ¡Sólo escribe! ¡Haz esto todos los días durante un mes y observa los cambios que aparecerán! Un cuaderno o calendario regular es suficiente.

Los estudios descubrieron que escribir un diario mejora tu enfoque, reduce el estrés y tiene innumerables beneficios para la salud.

Un estudio realizado por el Departamento de Medicina Psicológica de la Universidad de Auckland, Nueva Zelanda, de 2013, incluso encontró que el diario promueve la curación de heridas más rápidamente! Los miembros del grupo del diario curaron sus heridas más del 75% más rápido que sus contrapartes que no escribieron en el diario..

Otras investigaciones muestran que escribir en un diario resulta en un absentismo laboral reducido, reempleo más rápido después de la pérdida de un empleo y un promedio de notas más alto para los estudiantes. Piénsalo. Las personas que escribieron en su diario por tan sólo quince minutos al día curaron sus heridas más rápidamente, mejoraron su sistema inmunológico y mejoraron sus notas.

Siempre insisto mucho en escribir las cosas, y la gente me pregunta por qué no pueden simplemente practicar la gratitud "en sus mentes". La respuesta es: porque escribir sobre las cosas las pone en perspectiva. Al escribir las cosas, estructuras y organizas tus pensamientos y sentimientos. Como resultado, dormirás, te sentirás y pensarás mejor. Incluso tendrás una vida social más vibrante. Es casi seguro que tu diario te impulsará a una vida mejor porque estás reforzando lo positivo una y otra vez.

Otra ventaja del diario es que comienzas a entender mejor las cosas, sobre todo a ti mismo. Puedes encontrar patrones de éxito y descubrir cómo puedes crecer y aprender de las situaciones, qué situaciones evitar, cómo reaccionar mejor, cómo tener éxito más rápido la próxima vez y qué oportunidades aprovechar. Simplemente te permitirá hacer un inventario de todos los momentos positivos de tu día, los grandes y los pequeños. Al hacer ésto todas las noches, construirás niveles masivos de confianza. Llevar tu vida al siguiente nivel será inevitable..

Hazlo un hábito. Ritualízalo. Hazlo a la misma hora todos los días. Ten disponible y conveniente lo que necesitas para hacer estos ejercicios.

Por ejemplo, mantén tu diario en tu mesita de noche. Mis clientes me han dicho que se divirtieron mucho y obtuvieron excelentes resultados haciendo los ejercicios con sus niños y cónyuges.

No te rindas si las cosas no salen bien al principio. Necesita algo de tiempo, pero lentamente, mejorarás cada vez más gracias a la magia de la disciplina y de la repetición.

Debes tener cinco minutos al día para hacer estos ejercicios sin importar cuál sea tu situación. Tony Robbins dijo una vez: "Si no tienes cinco minutos al día, no tienes vida."

Haz de la gratitud un hábito diario. Cuando estás agradecido por lo que tienes, más cosas por las que puedes estar agradecido entrarán en tu vida. Así que agradece lo que tienes e incluso las cosas que aún no tienes.

Deja de comparar. En lugar de ello practica la gratitud. Cuenta tus bendiciones en lugar de las bendiciones de otras personas. Este ejercicio solo probablemente puede "curarte" de los celos y la envidia si lo practicas durante tres o cuatro semanas.

La gratitud no es una píldora mágica, aunque ciertamente tiene todos los ingredientes. Una vez que haces el trabajo en el mundo real, la magia sucederá. Te deseo esta magia. ¡Todo lo mejor!

Marc

Semana 1

Al expresar nuestra gratitud, nunca debemos
olvidar que el mayor aprecio no es pronunciar
palabras, sino vivir de acuerdo con ellas.

John F. Kennedy

Fecha: 5 / 20 / 2022

Tres cosas que agradezco en mi vida:

Mi familia
nuestra salud
nuestras proviciones

Tres cosas que he hecho particularmente bien hoy:

Dormir un poco más
Pensar en metas
Dedicarme tiempo (self love)

Tres cosas positivas que han pasado hoy:

me arreglé un poquito: pelo y pies
tomé mucha agua
sali del hogar

¿Cómo podría haber hecho el día de hoy aún mejor?

Me hubiese alimentado mejor
y hubiese hecho ejercicios aunque
sea por 12 minutos

¿Cuál es mi meta más importante para mañana?

recojer el hogar temprano y
levantarme temprano para
caminar.

Fecha:_____/_____/_____

Tres cosas que agradezco en mi vida:

_____
_____
_____
_____

Tres cosas que he hecho particularmente bien hoy:

_____
_____
_____
_____

Tres cosas positivas que han pasado hoy:

_____
_____
_____
_____

¿Cómo podría haber hecho el día de hoy aún mejor?

_____
_____
_____
_____

¿Cuál es mi meta más importante para mañana?

_____
_____
_____
_____

Fecha:_____/_____/_____

Tres cosas que agradezco en mi vida:

_____

_____

_____

_____

Tres cosas que he hecho particularmente bien hoy:

_____

_____

_____

_____

Tres cosas positivas que han pasado hoy:

_____

_____

_____

_____

¿Cómo podría haber hecho el día de hoy aún mejor?

_____

_____

_____

_____

¿Cuál es mi meta más importante para mañana?

_____

_____

_____

_____

Fecha:_____/_____/_____

Tres cosas que agradezco en mi vida:

_____
_____
_____
_____

Tres cosas que he hecho particularmente bien hoy:

_____
_____
_____
_____

Tres cosas positivas que han pasado hoy:

_____
_____
_____
_____

¿Cómo podría haber hecho el día de hoy aún mejor?

_____
_____
_____
_____

¿Cuál es mi meta más importante para mañana?

_____
_____
_____
_____

Fecha:_____/_____/_____

Tres cosas que agradezco en mi vida:

_____

_____

_____

_____

Tres cosas que he hecho particularmente bien hoy:

_____

_____

_____

_____

Tres cosas positivas que han pasado hoy:

_____

_____

_____

_____

¿Cómo podría haber hecho el día de hoy aún mejor?

_____

_____

_____

_____

¿Cuál es mi meta más importante para mañana?

_____

_____

_____

_____

Fecha:_____/_____/_____

Tres cosas que agradezco en mi vida:

_____
_____
_____
_____

Tres cosas que he hecho particularmente bien hoy:

_____
_____
_____
_____

Tres cosas positivas que han pasado hoy:

_____
_____
_____
_____

¿Cómo podría haber hecho el día de hoy aún mejor?

_____
_____
_____
_____

¿Cuál es mi meta más importante para mañana?

_____
_____
_____
_____

Fecha:_____/_____/_____

Tres cosas que agradezco en mi vida:

_____
_____
_____
_____

Tres cosas que he hecho particularmente bien hoy:

_____
_____
_____
_____

Tres cosas positivas que han pasado hoy:

_____
_____
_____
_____

¿Cómo podría haber hecho el día de hoy aún mejor?

_____
_____
_____
_____

¿Cuál es mi meta más importante para mañana?

_____
_____
_____
_____

Semana 2

La gratitud hace que nuestro pasado tiene sentido, trae paz para el presente y crea una visión para el mañana.

Melody Beattie

Fecha:_____/_____/_____

Tres cosas que agradezco en mi vida:

_____

_____

_____

_____

Tres cosas que he hecho particularmente bien hoy:

_____

_____

_____

_____

Tres cosas positivas que han pasado hoy:

_____

_____

_____

_____

¿Cómo podría haber hecho el día de hoy aún mejor?

_____

_____

_____

_____

¿Cuál es mi meta más importante para mañana?

_____

_____

_____

_____

Fecha:_____/_____/_____

Tres cosas que agradezco en mi vida:

_____
_____
_____
_____

Tres cosas que he hecho particularmente bien hoy:

_____
_____
_____
_____

Tres cosas positivas que han pasado hoy:

_____
_____
_____
_____

¿Cómo podría haber hecho el día de hoy aún mejor?

_____
_____
_____
_____

¿Cuál es mi meta más importante para mañana?

_____
_____
_____
_____

Fecha:_____/_____/_____

Tres cosas que agradezco en mi vida:

_____
_____
_____
_____

Tres cosas que he hecho particularmente bien hoy:

_____
_____
_____
_____

Tres cosas positivas que han pasado hoy:

_____
_____
_____
_____

¿Cómo podría haber hecho el día de hoy aún mejor?

_____
_____
_____
_____

¿Cuál es mi meta más importante para mañana?

_____
_____
_____
_____

Fecha:_____/_____/_____

Tres cosas que agradezco en mi vida:

_____
_____
_____
_____

Tres cosas que he hecho particularmente bien hoy:

_____
_____
_____
_____

Tres cosas positivas que han pasado hoy:

_____
_____
_____
_____

¿Cómo podría haber hecho el día de hoy aún mejor?

_____
_____
_____
_____

¿Cuál es mi meta más importante para mañana?

_____
_____
_____
_____

Fecha:_____/_____/_____

Tres cosas que agradezco en mi vida:

_____

_____

_____

_____

Tres cosas que he hecho particularmente bien hoy:

_____

_____

_____

_____

Tres cosas positivas que han pasado hoy:

_____

_____

_____

_____

¿Cómo podría haber hecho el día de hoy aún mejor?

_____

_____

_____

_____

¿Cuál es mi meta más importante para mañana?

_____

_____

_____

_____

Fecha:_____/_____/_____

Tres cosas que agradezco en mi vida:

_____
_____
_____
_____

Tres cosas que he hecho particularmente bien hoy:

_____
_____
_____
_____

Tres cosas positivas que han pasado hoy:

_____
_____
_____
_____

¿Cómo podría haber hecho el día de hoy aún mejor?

_____
_____
_____
_____

¿Cuál es mi meta más importante para mañana?

_____
_____
_____
_____

Fecha:_____/_____/_____

Tres cosas que agradezco en mi vida:

_____
_____
_____
_____

Tres cosas que he hecho particularmente bien hoy:

_____
_____
_____
_____

Tres cosas positivas que han pasado hoy:

_____
_____
_____
_____

¿Cómo podría haber hecho el día de hoy aún mejor?

_____
_____
_____
_____

¿Cuál es mi meta más importante para mañana?

_____
_____
_____
_____

Semana 3

La gratitud puede transformar los días comunes en acción de gracias, convertir los trabajos de rutina en alegría y convertir las oportunidades comunes en bendiciones.

William Arthur Ward

Fecha:_____/_____/_____

Tres cosas que agradezco en mi vida:

_____
_____
_____
_____

Tres cosas que he hecho particularmente bien hoy:

_____
_____
_____
_____

Tres cosas positivas que han pasado hoy:

_____
_____
_____
_____

¿Cómo podría haber hecho el día de hoy aún mejor?

_____
_____
_____
_____

¿Cuál es mi meta más importante para mañana?

_____
_____
_____
_____

Fecha:_____/_____/_____

Tres cosas que agradezco en mi vida:

_____

_____

_____

_____

Tres cosas que he hecho particularmente bien hoy:

_____

_____

_____

_____

Tres cosas positivas que han pasado hoy:

_____

_____

_____

_____

¿Cómo podría haber hecho el día de hoy aún mejor?

_____

_____

_____

_____

¿Cuál es mi meta más importante para mañana?

_____

_____

_____

_____

Fecha:_____/_____/_____

Tres cosas que agradezco en mi vida:

_____
_____
_____
_____

Tres cosas que he hecho particularmente bien hoy:

_____
_____
_____
_____

Tres cosas positivas que han pasado hoy:

_____
_____
_____
_____

¿Cómo podría haber hecho el día de hoy aún mejor?

_____
_____
_____
_____

¿Cuál es mi meta más importante para mañana?

_____
_____
_____
_____

Fecha:_____/_____/_____

Tres cosas que agradezco en mi vida:

_____
_____
_____
_____

Tres cosas que he hecho particularmente bien hoy:

_____
_____
_____
_____

Tres cosas positivas que han pasado hoy:

_____
_____
_____
_____

¿Cómo podría haber hecho el día de hoy aún mejor?

_____
_____
_____
_____

¿Cuál es mi meta más importante para mañana?

_____
_____
_____
_____

Fecha:_____/_____/_____

Tres cosas que agradezco en mi vida:

_____
_____
_____
_____

Tres cosas que he hecho particularmente bien hoy:

_____
_____
_____
_____

Tres cosas positivas que han pasado hoy:

_____
_____
_____
_____

¿Cómo podría haber hecho el día de hoy aún mejor?

_____
_____
_____
_____

¿Cuál es mi meta más importante para mañana?

_____
_____
_____
_____

Fecha:_____/_____/_____

Tres cosas que agradezco en mi vida:

_____
_____
_____
_____

Tres cosas que he hecho particularmente bien hoy:

_____
_____
_____
_____

Tres cosas positivas que han pasado hoy:

_____
_____
_____
_____

¿Cómo podría haber hecho el día de hoy aún mejor?

_____
_____
_____
_____

¿Cuál es mi meta más importante para mañana?

_____
_____
_____
_____

Fecha:_____/_____/_____

Tres cosas que agradezco en mi vida:

_____

_____

_____

_____

Tres cosas que he hecho particularmente bien hoy:

_____

_____

_____

_____

Tres cosas positivas que han pasado hoy:

_____

_____

_____

_____

¿Cómo podría haber hecho el día de hoy aún mejor?

_____

_____

_____

_____

¿Cuál es mi meta más importante para mañana?

_____

_____

_____

_____

Semana 4

'Gracias' es la mejor oración que cualquiera puede decir. Lo digo mucho. Gracias expresa extrema gratitud, humildad, comprensión.

Alice Walker

Fecha:_____/_____/_____

Tres cosas que agradezco en mi vida:

_____
_____
_____
_____

Tres cosas que he hecho particularmente bien hoy:

_____
_____
_____
_____

Tres cosas positivas que han pasado hoy:

_____
_____
_____
_____

¿Cómo podría haber hecho el día de hoy aún mejor?

_____
_____
_____
_____

¿Cuál es mi meta más importante para mañana?

_____
_____
_____
_____

Fecha:_____/_____/_____

Tres cosas que agradezco en mi vida:

_____
_____
_____
_____

Tres cosas que he hecho particularmente bien hoy:

_____
_____
_____
_____

Tres cosas positivas que han pasado hoy:

_____
_____
_____
_____

¿Cómo podría haber hecho el día de hoy aún mejor?

_____
_____
_____
_____

¿Cuál es mi meta más importante para mañana?

_____
_____
_____
_____

Fecha:_____/_____/_____

Tres cosas que agradezco en mi vida:

_____
_____
_____
_____

Tres cosas que he hecho particularmente bien hoy:

_____
_____
_____
_____

Tres cosas positivas que han pasado hoy:

_____
_____
_____
_____

¿Cómo podría haber hecho el día de hoy aún mejor?

_____
_____
_____
_____

¿Cuál es mi meta más importante para mañana?

_____
_____
_____
_____

Fecha:_____ / _____ / _____

Tres cosas que agradezco en mi vida:

_____

_____

_____

_____

Tres cosas que he hecho particularmente bien hoy:

_____

_____

_____

_____

Tres cosas positivas que han pasado hoy:

_____

_____

_____

_____

¿Cómo podría haber hecho el día de hoy aún mejor?

_____

_____

_____

_____

¿Cuál es mi meta más importante para mañana?

_____

_____

_____

_____

Fecha:_____/_____/_____

Tres cosas que agradezco en mi vida:

_____
_____
_____
_____

Tres cosas que he hecho particularmente bien hoy:

_____
_____
_____
_____

Tres cosas positivas que han pasado hoy:

_____
_____
_____
_____

¿Cómo podría haber hecho el día de hoy aún mejor?

_____
_____
_____
_____

¿Cuál es mi meta más importante para mañana?

_____
_____
_____
_____

Fecha:_____/_____/_____

Tres cosas que agradezco en mi vida:

_____
_____
_____
_____

Tres cosas que he hecho particularmente bien hoy:

_____
_____
_____
_____

Tres cosas positivas que han pasado hoy:

_____
_____
_____
_____

¿Cómo podría haber hecho el día de hoy aún mejor?

_____
_____
_____
_____

¿Cuál es mi meta más importante para mañana?

_____
_____
_____
_____

Fecha:_____/_____/_____

Tres cosas que agradezco en mi vida:

_____
_____
_____
_____

Tres cosas que he hecho particularmente bien hoy:

_____
_____
_____
_____

Tres cosas positivas que han pasado hoy:

_____
_____
_____
_____

¿Cómo podría haber hecho el día de hoy aún mejor?

_____
_____
_____
_____

¿Cuál es mi meta más importante para mañana?

_____
_____
_____
_____

Semana 5

Estoy feliz porque estoy agradecido. Elijo estar agradecido. Esa gratitud me permite ser feliz.

Will Arnett

Fecha:_____/_____/_____

Tres cosas que agradezco en mi vida:

_____
_____
_____
_____

Tres cosas que he hecho particularmente bien hoy:

_____
_____
_____
_____

Tres cosas positivas que han pasado hoy:

_____
_____
_____
_____

¿Cómo podría haber hecho el día de hoy aún mejor?

_____
_____
_____
_____

¿Cuál es mi meta más importante para mañana?

_____
_____
_____
_____

Fecha:_____/_____/_____

Tres cosas que agradezco en mi vida:

_____
_____
_____
_____

Tres cosas que he hecho particularmente bien hoy:

_____
_____
_____
_____

Tres cosas positivas que han pasado hoy:

_____
_____
_____
_____

¿Cómo podría haber hecho el día de hoy aún mejor?

_____
_____
_____
_____

¿Cuál es mi meta más importante para mañana?

_____
_____
_____
_____

Fecha:_____/_____/_____

Tres cosas que agradezco en mi vida:

_____

_____

_____

_____

Tres cosas que he hecho particularmente bien hoy:

_____

_____

_____

_____

Tres cosas positivas que han pasado hoy:

_____

_____

_____

_____

¿Cómo podría haber hecho el día de hoy aún mejor?

_____

_____

_____

_____

¿Cuál es mi meta más importante para mañana?

_____

_____

_____

_____

Fecha:_____/_____/_____

Tres cosas que agradezco en mi vida:

_____
_____
_____
_____

Tres cosas que he hecho particularmente bien hoy:

_____
_____
_____
_____

Tres cosas positivas que han pasado hoy:

_____
_____
_____
_____

¿Cómo podría haber hecho el día de hoy aún mejor?

_____
_____
_____
_____

¿Cuál es mi meta más importante para mañana?

_____
_____
_____
_____

Fecha:_____/_____/_____

Tres cosas que agradezco en mi vida:

_____

_____

_____

_____

Tres cosas que he hecho particularmente bien hoy:

_____

_____

_____

_____

Tres cosas positivas que han pasado hoy:

_____

_____

_____

_____

¿Cómo podría haber hecho el día de hoy aún mejor?

_____

_____

_____

_____

¿Cuál es mi meta más importante para mañana?

_____

_____

_____

_____

Fecha:_____/_____/_____

Tres cosas que agradezco en mi vida:

_____
_____
_____
_____

Tres cosas que he hecho particularmente bien hoy:

_____
_____
_____
_____

Tres cosas positivas que han pasado hoy:

_____
_____
_____
_____

¿Cómo podría haber hecho el día de hoy aún mejor?

_____
_____
_____
_____

¿Cuál es mi meta más importante para mañana?

_____
_____
_____
_____

Fecha:_____/_____/_____

Tres cosas que agradezco en mi vida:

_____
_____
_____
_____

Tres cosas que he hecho particularmente bien hoy:

_____
_____
_____
_____

Tres cosas positivas que han pasado hoy:

_____
_____
_____
_____

¿Cómo podría haber hecho el día de hoy aún mejor?

_____
_____
_____
_____

¿Cuál es mi meta más importante para mañana?

_____
_____
_____
_____

Semana 6

La gratitud es uno de los estados del ser más fuertes y más transformadores. Cambia tu perspectiva de la falta a la abundancia y te permite concentrarte en lo bueno de tu vida, lo que a su vez atrae más bondad hacia tu realidad.

Jen Sincero

Fecha:_____/_____/_____

Tres cosas que agradezco en mi vida:

_____

_____

_____

_____

Tres cosas que he hecho particularmente bien hoy:

_____

_____

_____

_____

Tres cosas positivas que han pasado hoy:

_____

_____

_____

_____

¿Cómo podría haber hecho el día de hoy aún mejor?

_____

_____

_____

_____

¿Cuál es mi meta más importante para mañana?

_____

_____

_____

_____

Fecha:_____/_____/_____

Tres cosas que agradezco en mi vida:

_____

_____

_____

_____

Tres cosas que he hecho particularmente bien hoy:

_____

_____

_____

_____

Tres cosas positivas que han pasado hoy:

_____

_____

_____

_____

¿Cómo podría haber hecho el día de hoy aún mejor?

_____

_____

_____

_____

¿Cuál es mi meta más importante para mañana?

_____

_____

_____

_____

Fecha:_____/_____/_____

Tres cosas que agradezco en mi vida:

_____
_____
_____
_____

Tres cosas que he hecho particularmente bien hoy:

_____
_____
_____
_____

Tres cosas positivas que han pasado hoy:

_____
_____
_____
_____

¿Cómo podría haber hecho el día de hoy aún mejor?

_____
_____
_____
_____

¿Cuál es mi meta más importante para mañana?

_____
_____
_____
_____

Fecha:_____/_____/_____

Tres cosas que agradezco en mi vida:

_____
_____
_____
_____

Tres cosas que he hecho particularmente bien hoy:

_____
_____
_____
_____

Tres cosas positivas que han pasado hoy:

_____
_____
_____
_____

¿Cómo podría haber hecho el día de hoy aún mejor?

_____
_____
_____
_____

¿Cuál es mi meta más importante para mañana?

_____
_____
_____
_____

Fecha:_____/_____/_____

Tres cosas que agradezco en mi vida:

_____
_____
_____
_____

Tres cosas que he hecho particularmente bien hoy:

_____
_____
_____
_____

Tres cosas positivas que han pasado hoy:

_____
_____
_____
_____

¿Cómo podría haber hecho el día de hoy aún mejor?

_____
_____
_____
_____

¿Cuál es mi meta más importante para mañana?

_____
_____
_____
_____

Fecha:_____/_____/_____

Tres cosas que agradezco en mi vida:

_____
_____
_____
_____

Tres cosas que he hecho particularmente bien hoy:

_____
_____
_____
_____

Tres cosas positivas que han pasado hoy:

_____
_____
_____
_____

¿Cómo podría haber hecho el día de hoy aún mejor?

_____
_____
_____
_____

¿Cuál es mi meta más importante para mañana?

_____
_____
_____
_____

Fecha:_____/_____/_____

Tres cosas que agradezco en mi vida:

_____
_____
_____
_____

Tres cosas que he hecho particularmente bien hoy:

_____
_____
_____
_____

Tres cosas positivas que han pasado hoy:

_____
_____
_____
_____

¿Cómo podría haber hecho el día de hoy aún mejor?

_____
_____
_____
_____

¿Cuál es mi meta más importante para mañana?

_____
_____
_____
_____

Semana 7

Regálate cinco minutos de contemplación con asombro de todo lo que ves a tu alrededor. Sal y dirige tu atención a los muchos milagros que te rodean. Este régimen de agradecimiento y gratitud de cinco minutos al día te ayudará a enfocar tu vida con asombro.

Wayne Dyer

Fecha:_____/_____/_____

Tres cosas que agradezco en mi vida:

_____

_____

_____

_____

Tres cosas que he hecho particularmente bien hoy:

_____

_____

_____

_____

Tres cosas positivas que han pasado hoy:

_____

_____

_____

_____

¿Cómo podría haber hecho el día de hoy aún mejor?

_____

_____

_____

_____

¿Cuál es mi meta más importante para mañana?

_____

_____

_____

_____

Fecha:_____/_____/_____

Tres cosas que agradezco en mi vida:

_____
_____
_____
_____

Tres cosas que he hecho particularmente bien hoy:

_____
_____
_____
_____

Tres cosas positivas que han pasado hoy:

_____
_____
_____
_____

¿Cómo podría haber hecho el día de hoy aún mejor?

_____
_____
_____
_____

¿Cuál es mi meta más importante para mañana?

_____
_____
_____
_____

Fecha:_____/_____/_____

Tres cosas que agradezco en mi vida:

_____
_____
_____
_____

Tres cosas que he hecho particularmente bien hoy:

_____
_____
_____
_____

Tres cosas positivas que han pasado hoy:

_____
_____
_____
_____

¿Cómo podría haber hecho el día de hoy aún mejor?

_____
_____
_____
_____

¿Cuál es mi meta más importante para mañana?

_____
_____
_____
_____

Fecha:_____/_____/_____

Tres cosas que agradezco en mi vida:

_____
_____
_____
_____

Tres cosas que he hecho particularmente bien hoy:

_____
_____
_____
_____

Tres cosas positivas que han pasado hoy:

_____
_____
_____
_____

¿Cómo podría haber hecho el día de hoy aún mejor?

_____
_____
_____
_____

¿Cuál es mi meta más importante para mañana?

_____
_____
_____
_____

Fecha:_____/_____/_____

Tres cosas que agradezco en mi vida:

_____
_____
_____
_____

Tres cosas que he hecho particularmente bien hoy:

_____
_____
_____
_____

Tres cosas positivas que han pasado hoy:

_____
_____
_____
_____

¿Cómo podría haber hecho el día de hoy aún mejor?

_____
_____
_____
_____

¿Cuál es mi meta más importante para mañana?

_____
_____
_____
_____

Fecha:_____/_____/_____

Tres cosas que agradezco en mi vida:

_____
_____
_____
_____

Tres cosas que he hecho particularmente bien hoy:

_____
_____
_____
_____

Tres cosas positivas que han pasado hoy:

_____
_____
_____
_____

¿Cómo podría haber hecho el día de hoy aún mejor?

_____
_____
_____
_____

¿Cuál es mi meta más importante para mañana?

_____
_____
_____
_____

Fecha:_____/_____/_____

Tres cosas que agradezco en mi vida:

_____
_____
_____
_____

Tres cosas que he hecho particularmente bien hoy:

_____
_____
_____
_____

Tres cosas positivas que han pasado hoy:

_____
_____
_____
_____

¿Cómo podría haber hecho el día de hoy aún mejor?

_____
_____
_____
_____

¿Cuál es mi meta más importante para mañana?

_____
_____
_____
_____

Semana 8

No tengo que perseguir momentos extraordinarios para encontrar la felicidad: está justo frente a mí si presto atención y practico la gratitud.

Brene Brown

Fecha:_____/_____/_____

Tres cosas que agradezco en mi vida:

_____

_____

_____

_____

Tres cosas que he hecho particularmente bien hoy:

_____

_____

_____

_____

Tres cosas positivas que han pasado hoy:

_____

_____

_____

_____

¿Cómo podría haber hecho el día de hoy aún mejor?

_____

_____

_____

_____

¿Cuál es mi meta más importante para mañana?

_____

_____

_____

_____

Fecha:_____/_____/_____

Tres cosas que agradezco en mi vida:

_____
_____
_____
_____

Tres cosas que he hecho particularmente bien hoy:

_____
_____
_____
_____

Tres cosas positivas que han pasado hoy:

_____
_____
_____
_____

¿Cómo podría haber hecho el día de hoy aún mejor?

_____
_____
_____
_____

¿Cuál es mi meta más importante para mañana?

_____
_____
_____
_____

Fecha:_____/_____/_____

Tres cosas que agradezco en mi vida:

_____
_____
_____
_____

Tres cosas que he hecho particularmente bien hoy:

_____
_____
_____
_____

Tres cosas positivas que han pasado hoy:

_____
_____
_____
_____

¿Cómo podría haber hecho el día de hoy aún mejor?

_____
_____
_____
_____

¿Cuál es mi meta más importante para mañana?

_____
_____
_____
_____

Fecha:_____/_____/_____

Tres cosas que agradezco en mi vida:

_____

_____

_____

_____

Tres cosas que he hecho particularmente bien hoy:

_____

_____

_____

_____

Tres cosas positivas que han pasado hoy:

_____

_____

_____

_____

¿Cómo podría haber hecho el día de hoy aún mejor?

_____

_____

_____

_____

¿Cuál es mi meta más importante para mañana?

_____

_____

_____

_____

Fecha:_____/_____/_____

Tres cosas que agradezco en mi vida:

_____
_____
_____
_____

Tres cosas que he hecho particularmente bien hoy:

_____
_____
_____
_____

Tres cosas positivas que han pasado hoy:

_____
_____
_____
_____

¿Cómo podría haber hecho el día de hoy aún mejor?

_____
_____
_____
_____

¿Cuál es mi meta más importante para mañana?

_____
_____
_____
_____

Fecha:_____/_____/_____

Tres cosas que agradezco en mi vida:

_____
_____
_____
_____

Tres cosas que he hecho particularmente bien hoy:

_____
_____
_____
_____

Tres cosas positivas que han pasado hoy:

_____
_____
_____
_____

¿Cómo podría haber hecho el día de hoy aún mejor?

_____
_____
_____
_____

¿Cuál es mi meta más importante para mañana?

_____
_____
_____
_____

Fecha:_____/_____/_____

Tres cosas que agradezco en mi vida:

_____
_____
_____
_____

Tres cosas que he hecho particularmente bien hoy:

_____
_____
_____
_____

Tres cosas positivas que han pasado hoy:

_____
_____
_____
_____

¿Cómo podría haber hecho el día de hoy aún mejor?

_____
_____
_____
_____

¿Cuál es mi meta más importante para mañana?

_____
_____
_____
_____

Semana 9

La gratitud es cuando la memoria se almacena en el corazón y no en la mente.

Lionel Hampton

Fecha:_____/_____/_____

Tres cosas que agradezco en mi vida:

_____
_____
_____
_____

Tres cosas que he hecho particularmente bien hoy:

_____
_____
_____
_____

Tres cosas positivas que han pasado hoy:

_____
_____
_____
_____

¿Cómo podría haber hecho el día de hoy aún mejor?

_____
_____
_____
_____

¿Cuál es mi meta más importante para mañana?

_____
_____
_____
_____

Fecha:_____/_____/_____

Tres cosas que agradezco en mi vida:

_____

_____

_____

_____

Tres cosas que he hecho particularmente bien hoy:

_____

_____

_____

_____

Tres cosas positivas que han pasado hoy:

_____

_____

_____

_____

¿Cómo podría haber hecho el día de hoy aún mejor?

_____

_____

_____

_____

¿Cuál es mi meta más importante para mañana?

_____

_____

_____

_____

Fecha:_____/_____/_____

Tres cosas que agradezco en mi vida:

_____

_____

_____

_____

Tres cosas que he hecho particularmente bien hoy:

_____

_____

_____

_____

Tres cosas positivas que han pasado hoy:

_____

_____

_____

_____

¿Cómo podría haber hecho el día de hoy aún mejor?

_____

_____

_____

_____

¿Cuál es mi meta más importante para mañana?

_____

_____

_____

_____

Fecha:_____/_____/_____

Tres cosas que agradezco en mi vida:

_____

_____

_____

_____

Tres cosas que he hecho particularmente bien hoy:

_____

_____

_____

_____

Tres cosas positivas que han pasado hoy:

_____

_____

_____

_____

¿Cómo podría haber hecho el día de hoy aún mejor?

_____

_____

_____

_____

¿Cuál es mi meta más importante para mañana?

_____

_____

_____

_____

Fecha:_____/_____/_____

Tres cosas que agradezco en mi vida:

_____

_____

_____

_____

Tres cosas que he hecho particularmente bien hoy:

_____

_____

_____

_____

Tres cosas positivas que han pasado hoy:

_____

_____

_____

_____

¿Cómo podría haber hecho el día de hoy aún mejor?

_____

_____

_____

_____

¿Cuál es mi meta más importante para mañana?

_____

_____

_____

_____

Fecha:_____/_____/_____

Tres cosas que agradezco en mi vida:

_____
_____
_____
_____

Tres cosas que he hecho particularmente bien hoy:

_____
_____
_____
_____

Tres cosas positivas que han pasado hoy:

_____
_____
_____
_____

¿Cómo podría haber hecho el día de hoy aún mejor?

_____
_____
_____
_____

¿Cuál es mi meta más importante para mañana?

_____
_____
_____
_____

Fecha:_____/_____/_____

Tres cosas que agradezco en mi vida:

_____
_____
_____
_____

Tres cosas que he hecho particularmente bien hoy:

_____
_____
_____
_____

Tres cosas positivas que han pasado hoy:

_____
_____
_____
_____

¿Cómo podría haber hecho el día de hoy aún mejor?

_____
_____
_____
_____

¿Cuál es mi meta más importante para mañana?

_____
_____
_____
_____

Semana 10

La gratitud es riqueza. La queja es pobreza.

Doris Day

Fecha:_____/_____/_____

Tres cosas que agradezco en mi vida:

_____

_____

_____

_____

Tres cosas que he hecho particularmente bien hoy:

_____

_____

_____

_____

Tres cosas positivas que han pasado hoy:

_____

_____

_____

_____

¿Cómo podría haber hecho el día de hoy aún mejor?

_____

_____

_____

_____

¿Cuál es mi meta más importante para mañana?

_____

_____

_____

_____

Fecha:_____/_____/_____

Tres cosas que agradezco en mi vida:

_____
_____
_____
_____

Tres cosas que he hecho particularmente bien hoy:

_____
_____
_____
_____

Tres cosas positivas que han pasado hoy:

_____
_____
_____
_____

¿Cómo podría haber hecho el día de hoy aún mejor?

_____
_____
_____
_____

¿Cuál es mi meta más importante para mañana?

_____
_____
_____
_____

Fecha:_____/_____/_____

Tres cosas que agradezco en mi vida:

_____
_____
_____
_____

Tres cosas que he hecho particularmente bien hoy:

_____
_____
_____
_____

Tres cosas positivas que han pasado hoy:

_____
_____
_____
_____

¿Cómo podría haber hecho el día de hoy aún mejor?

_____
_____
_____
_____

¿Cuál es mi meta más importante para mañana?

_____
_____
_____
_____

Fecha:_____/_____/_____

Tres cosas que agradezco en mi vida:

_____
_____
_____
_____

Tres cosas que he hecho particularmente bien hoy:

_____
_____
_____
_____

Tres cosas positivas que han pasado hoy:

_____
_____
_____
_____

¿Cómo podría haber hecho el día de hoy aún mejor?

_____
_____
_____
_____

¿Cuál es mi meta más importante para mañana?

_____
_____
_____
_____

Fecha:_____/_____/_____

Tres cosas que agradezco en mi vida:

_____
_____
_____
_____

Tres cosas que he hecho particularmente bien hoy:

_____
_____
_____
_____

Tres cosas positivas que han pasado hoy:

_____
_____
_____
_____

¿Cómo podría haber hecho el día de hoy aún mejor?

_____
_____
_____
_____

¿Cuál es mi meta más importante para mañana?

_____
_____
_____
_____

Fecha:_____/_____/_____

Tres cosas que agradezco en mi vida:

_____
_____
_____
_____

Tres cosas que he hecho particularmente bien hoy:

_____
_____
_____
_____

Tres cosas positivas que han pasado hoy:

_____
_____
_____
_____

¿Cómo podría haber hecho el día de hoy aún mejor?

_____
_____
_____
_____

¿Cuál es mi meta más importante para mañana?

_____
_____
_____
_____

Fecha:_____/_____/_____

Tres cosas que agradezco en mi vida:

_____
_____
_____
_____

Tres cosas que he hecho particularmente bien hoy:

_____
_____
_____
_____

Tres cosas positivas que han pasado hoy:

_____
_____
_____
_____

¿Cómo podría haber hecho el día de hoy aún mejor?

_____
_____
_____
_____

¿Cuál es mi meta más importante para mañana?

_____
_____
_____
_____

Semana 11

Ser agradecido por lo que tienes; acabarás
teniendo más. Si te concentras en lo que no tienes,
nunca tendrás suficiente.

Oprah Winfrey

Fecha:_____/_____/_____

Tres cosas que agradezco en mi vida:

_____
_____
_____
_____

Tres cosas que he hecho particularmente bien hoy:

_____
_____
_____
_____

Tres cosas positivas que han pasado hoy:

_____
_____
_____
_____

¿Cómo podría haber hecho el día de hoy aún mejor?

_____
_____
_____
_____

¿Cuál es mi meta más importante para mañana?

_____
_____
_____
_____

Fecha:_____/_____/_____

Tres cosas que agradezco en mi vida:

_____
_____
_____
_____

Tres cosas que he hecho particularmente bien hoy:

_____
_____
_____
_____

Tres cosas positivas que han pasado hoy:

_____
_____
_____
_____

¿Cómo podría haber hecho el día de hoy aún mejor?

_____
_____
_____
_____

¿Cuál es mi meta más importante para mañana?

_____
_____
_____
_____

Fecha:_____/_____/_____

Tres cosas que agradezco en mi vida:

_____
_____
_____
_____

Tres cosas que he hecho particularmente bien hoy:

_____
_____
_____
_____

Tres cosas positivas que han pasado hoy:

_____
_____
_____
_____

¿Cómo podría haber hecho el día de hoy aún mejor?

_____
_____
_____
_____

¿Cuál es mi meta más importante para mañana?

_____
_____
_____
_____

Fecha:_____/_____/_____

Tres cosas que agradezco en mi vida:

_____
_____
_____
_____

Tres cosas que he hecho particularmente bien hoy:

_____
_____
_____
_____

Tres cosas positivas que han pasado hoy:

_____
_____
_____
_____

¿Cómo podría haber hecho el día de hoy aún mejor?

_____
_____
_____
_____

¿Cuál es mi meta más importante para mañana?

_____
_____
_____
_____

Fecha:_____/_____/_____

Tres cosas que agradezco en mi vida:

_____

_____

_____

_____

Tres cosas que he hecho particularmente bien hoy:

_____

_____

_____

_____

Tres cosas positivas que han pasado hoy:

_____

_____

_____

_____

¿Cómo podría haber hecho el día de hoy aún mejor?

_____

_____

_____

_____

¿Cuál es mi meta más importante para mañana?

_____

_____

_____

_____

Fecha:_____/_____/_____

Tres cosas que agradezco en mi vida:

_____

_____

_____

_____

Tres cosas que he hecho particularmente bien hoy:

_____

_____

_____

_____

Tres cosas positivas que han pasado hoy:

_____

_____

_____

_____

¿Cómo podría haber hecho el día de hoy aún mejor?

_____

_____

_____

_____

¿Cuál es mi meta más importante para mañana?

_____

_____

_____

_____

Fecha:_____/_____/_____

Tres cosas que agradezco en mi vida:

_____

_____

_____

_____

Tres cosas que he hecho particularmente bien hoy:

_____

_____

_____

_____

Tres cosas positivas que han pasado hoy:

_____

_____

_____

_____

¿Cómo podría haber hecho el día de hoy aún mejor?

_____

_____

_____

_____

¿Cuál es mi meta más importante para mañana?

_____

_____

_____

_____

Semana 12

La gratitud no solo es la mayor de las virtudes, sino la causa de todos los demás.

Marcus Tullius Cicero

Fecha:_____/_____/_____

Tres cosas que agradezco en mi vida:

_____

_____

_____

_____

Tres cosas que he hecho particularmente bien hoy:

_____

_____

_____

_____

Tres cosas positivas que han pasado hoy:

_____

_____

_____

_____

¿Cómo podría haber hecho el día de hoy aún mejor?

_____

_____

_____

_____

¿Cuál es mi meta más importante para mañana?

_____

_____

_____

_____

Fecha:_____/_____/_____

Tres cosas que agradezco en mi vida:

_____

_____

_____

_____

Tres cosas que he hecho particularmente bien hoy:

_____

_____

_____

_____

Tres cosas positivas que han pasado hoy:

_____

_____

_____

_____

¿Cómo podría haber hecho el día de hoy aún mejor?

_____

_____

_____

_____

¿Cuál es mi meta más importante para mañana?

_____

_____

_____

_____

Fecha:_____/_____/_____

Tres cosas que agradezco en mi vida:

_____

_____

_____

_____

Tres cosas que he hecho particularmente bien hoy:

_____

_____

_____

_____

Tres cosas positivas que han pasado hoy:

_____

_____

_____

_____

¿Cómo podría haber hecho el día de hoy aún mejor?

_____

_____

_____

_____

¿Cuál es mi meta más importante para mañana?

_____

_____

_____

_____

Fecha:_____/_____/_____

Tres cosas que agradezco en mi vida:
_____
_____
_____
_____

Tres cosas que he hecho particularmente bien hoy:
_____
_____
_____
_____

Tres cosas positivas que han pasado hoy:
_____
_____
_____
_____

¿Cómo podría haber hecho el día de hoy aún mejor?
_____
_____
_____
_____

¿Cuál es mi meta más importante para mañana?
_____
_____
_____
_____

Fecha:_____/_____/_____

Tres cosas que agradezco en mi vida:

_____
_____
_____
_____

Tres cosas que he hecho particularmente bien hoy:

_____
_____
_____
_____

Tres cosas positivas que han pasado hoy:

_____
_____
_____
_____

¿Cómo podría haber hecho el día de hoy aún mejor?

_____
_____
_____
_____

¿Cuál es mi meta más importante para mañana?

_____
_____
_____
_____

Fecha:_____/_____/_____

Tres cosas que agradezco en mi vida:
_____
_____
_____
_____

Tres cosas que he hecho particularmente bien hoy:
_____
_____
_____
_____

Tres cosas positivas que han pasado hoy:
_____
_____
_____
_____

¿Cómo podría haber hecho el día de hoy aún mejor?
_____
_____
_____
_____

¿Cuál es mi meta más importante para mañana?
_____
_____
_____
_____

Fecha:_____/_____/_____

Tres cosas que agradezco en mi vida:

_____
_____
_____
_____

Tres cosas que he hecho particularmente bien hoy:

_____
_____
_____
_____

Tres cosas positivas que han pasado hoy:

_____
_____
_____
_____

¿Cómo podría haber hecho el día de hoy aún mejor?

_____
_____
_____
_____

¿Cuál es mi meta más importante para mañana?

_____
_____
_____
_____

Semana 13

Es a través de la gratitud por el momento presente que se abre la dimensión espiritual de la vida.

Eckhart Tolle

Fecha:_____/_____/_____

Tres cosas que agradezco en mi vida:
_____
_____
_____
_____

Tres cosas que he hecho particularmente bien hoy:
_____
_____
_____
_____

Tres cosas positivas que han pasado hoy:
_____
_____
_____
_____

¿Cómo podría haber hecho el día de hoy aún mejor?
_____
_____
_____
_____

¿Cuál es mi meta más importante para mañana?
_____
_____
_____
_____

Fecha:_____/_____/_____

Tres cosas que agradezco en mi vida:

_____
_____
_____
_____

Tres cosas que he hecho particularmente bien hoy:

_____
_____
_____
_____

Tres cosas positivas que han pasado hoy:

_____
_____
_____
_____

¿Cómo podría haber hecho el día de hoy aún mejor?

_____
_____
_____
_____

¿Cuál es mi meta más importante para mañana?

_____
_____
_____
_____

Fecha:_____/_____/_____

Tres cosas que agradezco en mi vida:

_____

_____

_____

_____

Tres cosas que he hecho particularmente bien hoy:

_____

_____

_____

_____

Tres cosas positivas que han pasado hoy:

_____

_____

_____

_____

¿Cómo podría haber hecho el día de hoy aún mejor?

_____

_____

_____

_____

¿Cuál es mi meta más importante para mañana?

_____

_____

_____

_____

Fecha:_____/_____/_____

Tres cosas que agradezco en mi vida:

_____
_____
_____
_____

Tres cosas que he hecho particularmente bien hoy:

_____
_____
_____
_____

Tres cosas positivas que han pasado hoy:

_____
_____
_____
_____

¿Cómo podría haber hecho el día de hoy aún mejor?

_____
_____
_____
_____

¿Cuál es mi meta más importante para mañana?

_____
_____
_____
_____

Fecha:_____/_____/_____

Tres cosas que agradezco en mi vida:

_____

_____

_____

_____

Tres cosas que he hecho particularmente bien hoy:

_____

_____

_____

_____

Tres cosas positivas que han pasado hoy:

_____

_____

_____

_____

¿Cómo podría haber hecho el día de hoy aún mejor?

_____

_____

_____

_____

¿Cuál es mi meta más importante para mañana?

_____

_____

_____

_____

Fecha:_____/_____/_____

Tres cosas que agradezco en mi vida:

_____
_____
_____
_____

Tres cosas que he hecho particularmente bien hoy:

_____
_____
_____
_____

Tres cosas positivas que han pasado hoy:

_____
_____
_____
_____

¿Cómo podría haber hecho el día de hoy aún mejor?

_____
_____
_____
_____

¿Cuál es mi meta más importante para mañana?

_____
_____
_____
_____

Fecha:_____/_____/_____

Tres cosas que agradezco en mi vida:

_____
_____
_____
_____

Tres cosas que he hecho particularmente bien hoy:

_____
_____
_____
_____

Tres cosas positivas que han pasado hoy:

_____
_____
_____
_____

¿Cómo podría haber hecho el día de hoy aún mejor?

_____
_____
_____
_____

¿Cuál es mi meta más importante para mañana?

_____
_____
_____
_____

Semana 14

La gratitud te ayuda a crecer y expandirte; la gratitud trae alegría y risa a tu vida y a la vida de todos los que te rodean.

Eileen Caddy

Fecha:_____/_____/_____

Tres cosas que agradezco en mi vida:

_____
_____
_____
_____

Tres cosas que he hecho particularmente bien hoy:

_____
_____
_____
_____

Tres cosas positivas que han pasado hoy:

_____
_____
_____
_____

¿Cómo podría haber hecho el día de hoy aún mejor?

_____
_____
_____
_____

¿Cuál es mi meta más importante para mañana?

_____
_____
_____
_____

Fecha:_____/_____/_____

Tres cosas que agradezco en mi vida:

_____
_____
_____
_____

Tres cosas que he hecho particularmente bien hoy:

_____
_____
_____
_____

Tres cosas positivas que han pasado hoy:

_____
_____
_____
_____

¿Cómo podría haber hecho el día de hoy aún mejor?

_____
_____
_____
_____

¿Cuál es mi meta más importante para mañana?

_____
_____
_____
_____

Fecha:_____/_____/_____

Tres cosas que agradezco en mi vida:

_____

_____

_____

_____

Tres cosas que he hecho particularmente bien hoy:

_____

_____

_____

_____

Tres cosas positivas que han pasado hoy:

_____

_____

_____

_____

¿Cómo podría haber hecho el día de hoy aún mejor?

_____

_____

_____

_____

¿Cuál es mi meta más importante para mañana?

_____

_____

_____

_____

Fecha:_____/_____/_____

Tres cosas que agradezco en mi vida:
_____
_____
_____
_____

Tres cosas que he hecho particularmente bien hoy:
_____
_____
_____
_____

Tres cosas positivas que han pasado hoy:
_____
_____
_____
_____

¿Cómo podría haber hecho el día de hoy aún mejor?
_____
_____
_____
_____

¿Cuál es mi meta más importante para mañana?
_____
_____
_____
_____

Fecha:_____/_____/_____

Tres cosas que agradezco en mi vida:

_____
_____
_____
_____

Tres cosas que he hecho particularmente bien hoy:

_____
_____
_____
_____

Tres cosas positivas que han pasado hoy:

_____
_____
_____
_____

¿Cómo podría haber hecho el día de hoy aún mejor?

_____
_____
_____
_____

¿Cuál es mi meta más importante para mañana?

_____
_____
_____
_____

Fecha:_____/_____/_____

Tres cosas que agradezco en mi vida:

_____

_____

_____

_____

Tres cosas que he hecho particularmente bien hoy:

_____

_____

_____

_____

Tres cosas positivas que han pasado hoy:

_____

_____

_____

_____

¿Cómo podría haber hecho el día de hoy aún mejor?

_____

_____

_____

_____

¿Cuál es mi meta más importante para mañana?

_____

_____

_____

_____

Fecha:_____/_____/_____

Tres cosas que agradezco en mi vida:

_____
_____
_____
_____

Tres cosas que he hecho particularmente bien hoy:

_____
_____
_____
_____

Tres cosas positivas que han pasado hoy:

_____
_____
_____
_____

¿Cómo podría haber hecho el día de hoy aún mejor?

_____
_____
_____
_____

¿Cuál es mi meta más importante para mañana?

_____
_____
_____
_____

Semana 15

A menudo la gente pregunta cómo logro ser feliz a pesar de no tener brazos ni piernas. La respuesta rápida es que tengo una elección. Puedo estar enojado por no tener extremidades, o puedo estar agradecido de tener un propósito. Elegí la gratitud.

Nick Vujicic

Fecha:_____/_____/_____

Tres cosas que agradezco en mi vida:

_____

_____

_____

_____

Tres cosas que he hecho particularmente bien hoy:

_____

_____

_____

_____

Tres cosas positivas que han pasado hoy:

_____

_____

_____

_____

¿Cómo podría haber hecho el día de hoy aún mejor?

_____

_____

_____

_____

¿Cuál es mi meta más importante para mañana?

_____

_____

_____

_____

Fecha:_____/_____/_____

Tres cosas que agradezco en mi vida:

_____
_____
_____
_____

Tres cosas que he hecho particularmente bien hoy:

_____
_____
_____
_____

Tres cosas positivas que han pasado hoy:

_____
_____
_____
_____

¿Cómo podría haber hecho el día de hoy aún mejor?

_____
_____
_____
_____

¿Cuál es mi meta más importante para mañana?

_____
_____
_____

Fecha:_____/_____/_____

Tres cosas que agradezco en mi vida:

_____

_____

_____

_____

Tres cosas que he hecho particularmente bien hoy:

_____

_____

_____

_____

Tres cosas positivas que han pasado hoy:

_____

_____

_____

_____

¿Cómo podría haber hecho el día de hoy aún mejor?

_____

_____

_____

_____

¿Cuál es mi meta más importante para mañana?

_____

_____

_____

_____

Fecha:_____/_____/_____

Tres cosas que agradezco en mi vida:

_____
_____
_____
_____

Tres cosas que he hecho particularmente bien hoy:

_____
_____
_____
_____

Tres cosas positivas que han pasado hoy:

_____
_____
_____
_____

¿Cómo podría haber hecho el día de hoy aún mejor?

_____
_____
_____
_____

¿Cuál es mi meta más importante para mañana?

_____
_____
_____
_____

Fecha:_____/_____/_____

Tres cosas que agradezco en mi vida:

_____

_____

_____

_____

Tres cosas que he hecho particularmente bien hoy:

_____

_____

_____

_____

Tres cosas positivas que han pasado hoy:

_____

_____

_____

_____

¿Cómo podría haber hecho el día de hoy aún mejor?

_____

_____

_____

_____

¿Cuál es mi meta más importante para mañana?

_____

_____

_____

_____

Fecha:_____/_____/_____

Tres cosas que agradezco en mi vida:

_____
_____
_____
_____

Tres cosas que he hecho particularmente bien hoy:

_____
_____
_____
_____

Tres cosas positivas que han pasado hoy:

_____
_____
_____
_____

¿Cómo podría haber hecho el día de hoy aún mejor?

_____
_____
_____
_____

¿Cuál es mi meta más importante para mañana?

_____
_____
_____
_____

Fecha:_____/_____/_____

Tres cosas que agradezco en mi vida:

_____
_____
_____
_____

Tres cosas que he hecho particularmente bien hoy:

_____
_____
_____
_____

Tres cosas positivas que han pasado hoy:

_____
_____
_____
_____

¿Cómo podría haber hecho el día de hoy aún mejor?

_____
_____
_____
_____

¿Cuál es mi meta más importante para mañana?

_____
_____
_____
_____

Semana 16

La disciplina de la gratitud es el esfuerzo explícito de reconocer que todo lo que soy y tengo me es dado como un regalo de amor, un regalo que se celebra con alegría.

Henri Nouwen

Fecha:_____/_____/_____

Tres cosas que agradezco en mi vida:

_____
_____
_____
_____

Tres cosas que he hecho particularmente bien hoy:

_____
_____
_____
_____

Tres cosas positivas que han pasado hoy:

_____
_____
_____
_____

¿Cómo podría haber hecho el día de hoy aún mejor?

_____
_____
_____
_____

¿Cuál es mi meta más importante para mañana?

_____
_____
_____
_____

Fecha:_____/_____/_____

Tres cosas que agradezco en mi vida:

_____
_____
_____
_____

Tres cosas que he hecho particularmente bien hoy:

_____
_____
_____
_____

Tres cosas positivas que han pasado hoy:

_____
_____
_____
_____

¿Cómo podría haber hecho el día de hoy aún mejor?

_____
_____
_____
_____

¿Cuál es mi meta más importante para mañana?

_____
_____
_____

Fecha:_____/_____/_____

Tres cosas que agradezco en mi vida:

_____

_____

_____

_____

Tres cosas que he hecho particularmente bien hoy:

_____

_____

_____

_____

Tres cosas positivas que han pasado hoy:

_____

_____

_____

_____

¿Cómo podría haber hecho el día de hoy aún mejor?

_____

_____

_____

_____

¿Cuál es mi meta más importante para mañana?

_____

_____

_____

_____

Fecha:_____/_____/_____

Tres cosas que agradezco en mi vida:

_____
_____
_____
_____
_____

Tres cosas que he hecho particularmente bien hoy:

_____
_____
_____
_____
_____

Tres cosas positivas que han pasado hoy:

_____
_____
_____
_____
_____

¿Cómo podría haber hecho el día de hoy aún mejor?

_____
_____
_____
_____
_____

¿Cuál es mi meta más importante para mañana?

_____
_____
_____
_____

Fecha:_____/_____/_____

Tres cosas que agradezco en mi vida:

_____
_____
_____
_____

Tres cosas que he hecho particularmente bien hoy:

_____
_____
_____
_____

Tres cosas positivas que han pasado hoy:

_____
_____
_____
_____

¿Cómo podría haber hecho el día de hoy aún mejor?

_____
_____
_____
_____

¿Cuál es mi meta más importante para mañana?

_____
_____
_____
_____

Fecha:_____/_____/_____

Tres cosas que agradezco en mi vida:

_____
_____
_____
_____

Tres cosas que he hecho particularmente bien hoy:

_____
_____
_____
_____

Tres cosas positivas que han pasado hoy:

_____
_____
_____
_____

¿Cómo podría haber hecho el día de hoy aún mejor?

_____
_____
_____
_____

¿Cuál es mi meta más importante para mañana?

_____
_____
_____
_____

Fecha:_____/_____/_____

Tres cosas que agradezco en mi vida:

_____
_____
_____
_____

Tres cosas que he hecho particularmente bien hoy:

_____
_____
_____
_____

Tres cosas positivas que han pasado hoy:

_____
_____
_____
_____

¿Cómo podría haber hecho el día de hoy aún mejor?

_____
_____
_____
_____

¿Cuál es mi meta más importante para mañana?

_____
_____
_____
_____

Semana 17

La gratitud es la más sana de todas las emociones humanas. Cuanto más expreses gratitud por lo que tienes, más probabilidades tendrás de expresar aún más gratitud.

Zig Ziglar

Fecha:_____/_____/_____

Tres cosas que agradezco en mi vida:

_____
_____
_____
_____

Tres cosas que he hecho particularmente bien hoy:

_____
_____
_____
_____

Tres cosas positivas que han pasado hoy:

_____
_____
_____
_____

¿Cómo podría haber hecho el día de hoy aún mejor?

_____
_____
_____
_____

¿Cuál es mi meta más importante para mañana?

_____
_____
_____
_____

Fecha:_____/_____/_____

Tres cosas que agradezco en mi vida:

_____
_____
_____
_____

Tres cosas que he hecho particularmente bien hoy:

_____
_____
_____
_____

Tres cosas positivas que han pasado hoy:

_____
_____
_____
_____

¿Cómo podría haber hecho el día de hoy aún mejor?

_____
_____
_____
_____

¿Cuál es mi meta más importante para mañana?

_____
_____
_____
_____

Fecha:_____/_____/_____

Tres cosas que agradezco en mi vida:

_____
_____
_____
_____

Tres cosas que he hecho particularmente bien hoy:

_____
_____
_____
_____

Tres cosas positivas que han pasado hoy:

_____
_____
_____
_____

¿Cómo podría haber hecho el día de hoy aún mejor?

_____
_____
_____
_____

¿Cuál es mi meta más importante para mañana?

_____
_____
_____
_____

Fecha:_____/_____/_____

Tres cosas que agradezco en mi vida:

_____

_____

_____

_____

Tres cosas que he hecho particularmente bien hoy:

_____

_____

_____

_____

Tres cosas positivas que han pasado hoy:

_____

_____

_____

_____

¿Cómo podría haber hecho el día de hoy aún mejor?

_____

_____

_____

_____

¿Cuál es mi meta más importante para mañana?

_____

_____

_____

_____

Fecha:_____/_____/_____

Tres cosas que agradezco en mi vida:

_____

_____

_____

_____

Tres cosas que he hecho particularmente bien hoy:

_____

_____

_____

_____

Tres cosas positivas que han pasado hoy:

_____

_____

_____

_____

¿Cómo podría haber hecho el día de hoy aún mejor?

_____

_____

_____

_____

¿Cuál es mi meta más importante para mañana?

_____

_____

_____

_____

Fecha:_____/_____/_____

Tres cosas que agradezco en mi vida:

_____

_____

_____

_____

Tres cosas que he hecho particularmente bien hoy:

_____

_____

_____

_____

Tres cosas positivas que han pasado hoy:

_____

_____

_____

_____

¿Cómo podría haber hecho el día de hoy aún mejor?

_____

_____

_____

¿Cuál es mi meta más importante para mañana?

_____

_____

_____

Fecha:_____/_____/_____

Tres cosas que agradezco en mi vida:

_____
_____
_____
_____

Tres cosas que he hecho particularmente bien hoy:

_____
_____
_____
_____

Tres cosas positivas que han pasado hoy:

_____
_____
_____
_____

¿Cómo podría haber hecho el día de hoy aún mejor?

_____
_____
_____
_____

¿Cuál es mi meta más importante para mañana?

_____
_____
_____
_____

Semana 18

La práctica de la gratitud es muy, muy importante para mí. Creo que es una forma increíble de comenzar el día.

Rachel Hollis

Fecha:_____/_____/_____

Tres cosas que agradezco en mi vida:

_____
_____
_____
_____

Tres cosas que he hecho particularmente bien hoy:

_____
_____
_____
_____

Tres cosas positivas que han pasado hoy:

_____
_____
_____
_____

¿Cómo podría haber hecho el día de hoy aún mejor?

_____
_____
_____
_____

¿Cuál es mi meta más importante para mañana?

_____
_____
_____
_____

Fecha:_____/_____/_____

Tres cosas que agradezco en mi vida:

_____
_____
_____
_____

Tres cosas que he hecho particularmente bien hoy:

_____
_____
_____
_____

Tres cosas positivas que han pasado hoy:

_____
_____
_____
_____

¿Cómo podría haber hecho el día de hoy aún mejor?

_____
_____
_____
_____

¿Cuál es mi meta más importante para mañana?

_____
_____
_____
_____

Fecha:_____/_____/_____

Tres cosas que agradezco en mi vida:

_____

_____

_____

_____

Tres cosas que he hecho particularmente bien hoy:

_____

_____

_____

_____

Tres cosas positivas que han pasado hoy:

_____

_____

_____

_____

¿Cómo podría haber hecho el día de hoy aún mejor?

_____

_____

_____

_____

¿Cuál es mi meta más importante para mañana?

_____

_____

_____

_____

Fecha:_____/_____/_____

Tres cosas que agradezco en mi vida:

_____

_____

_____

_____

Tres cosas que he hecho particularmente bien hoy:

_____

_____

_____

_____

Tres cosas positivas que han pasado hoy:

_____

_____

_____

_____

¿Cómo podría haber hecho el día de hoy aún mejor?

_____

_____

_____

_____

¿Cuál es mi meta más importante para mañana?

_____

_____

_____

_____

Fecha:_____/_____/_____

Tres cosas que agradezco en mi vida:

_____
_____
_____
_____

Tres cosas que he hecho particularmente bien hoy:

_____
_____
_____
_____

Tres cosas positivas que han pasado hoy:

_____
_____
_____
_____

¿Cómo podría haber hecho el día de hoy aún mejor?

_____
_____
_____
_____

¿Cuál es mi meta más importante para mañana?

_____
_____
_____
_____

Fecha:_____/_____/_____

Tres cosas que agradezco en mi vida:

_____
_____
_____
_____

Tres cosas que he hecho particularmente bien hoy:

_____
_____
_____
_____

Tres cosas positivas que han pasado hoy:

_____
_____
_____
_____

¿Cómo podría haber hecho el día de hoy aún mejor?

_____
_____
_____
_____

¿Cuál es mi meta más importante para mañana?

_____
_____
_____
_____

Fecha:_____/_____/_____

Tres cosas que agradezco en mi vida:

_____
_____
_____
_____

Tres cosas que he hecho particularmente bien hoy:

_____
_____
_____
_____

Tres cosas positivas que han pasado hoy:

_____
_____
_____
_____

¿Cómo podría haber hecho el día de hoy aún mejor?

_____
_____
_____
_____

¿Cuál es mi meta más importante para mañana?

_____
_____
_____
_____

Semana 19

Un gerente inteligente establecerá una cultura de gratitud. Amplía la actitud de agradecimiento hacia los proveedores, vendedores, repartidores y, por supuesto, clientes.

Harvey Mackay

Fecha:_____/_____/_____

Tres cosas que agradezco en mi vida:

_____
_____
_____
_____

Tres cosas que he hecho particularmente bien hoy:

_____
_____
_____
_____

Tres cosas positivas que han pasado hoy:

_____
_____
_____
_____

¿Cómo podría haber hecho el día de hoy aún mejor?

_____
_____
_____
_____

¿Cuál es mi meta más importante para mañana?

_____
_____
_____
_____

Fecha:_____/_____/_____

Tres cosas que agradezco en mi vida:

_____
_____
_____
_____

Tres cosas que he hecho particularmente bien hoy:

_____
_____
_____
_____

Tres cosas positivas que han pasado hoy:

_____
_____
_____
_____

¿Cómo podría haber hecho el día de hoy aún mejor?

_____
_____
_____
_____

¿Cuál es mi meta más importante para mañana?

_____
_____
_____

Fecha:_____/_____/_____

Tres cosas que agradezco en mi vida:

_____
_____
_____
_____

Tres cosas que he hecho particularmente bien hoy:

_____
_____
_____
_____

Tres cosas positivas que han pasado hoy:

_____
_____
_____
_____

¿Cómo podría haber hecho el día de hoy aún mejor?

_____
_____
_____
_____

¿Cuál es mi meta más importante para mañana?

_____
_____
_____
_____

Fecha:_____/_____/_____

Tres cosas que agradezco en mi vida:

_____
_____
_____
_____

Tres cosas que he hecho particularmente bien hoy:

_____
_____
_____
_____

Tres cosas positivas que han pasado hoy:

_____
_____
_____
_____

¿Cómo podría haber hecho el día de hoy aún mejor?

_____
_____
_____
_____

¿Cuál es mi meta más importante para mañana?

_____
_____
_____
_____

Fecha:_____/_____/_____

Tres cosas que agradezco en mi vida:

_____

_____

_____

_____

Tres cosas que he hecho particularmente bien hoy:

_____

_____

_____

_____

Tres cosas positivas que han pasado hoy:

_____

_____

_____

_____

¿Cómo podría haber hecho el día de hoy aún mejor?

_____

_____

_____

_____

¿Cuál es mi meta más importante para mañana?

_____

_____

_____

_____

Fecha:_____/_____/_____

Tres cosas que agradezco en mi vida:

_____
_____
_____
_____

Tres cosas que he hecho particularmente bien hoy:

_____
_____
_____
_____

Tres cosas positivas que han pasado hoy:

_____
_____
_____
_____

¿Cómo podría haber hecho el día de hoy aún mejor?

_____
_____
_____
_____

¿Cuál es mi meta más importante para mañana?

_____
_____
_____
_____

Fecha:_____/_____/_____

Tres cosas que agradezco en mi vida:

_____

_____

_____

_____

Tres cosas que he hecho particularmente bien hoy:

_____

_____

_____

_____

Tres cosas positivas que han pasado hoy:

_____

_____

_____

_____

¿Cómo podría haber hecho el día de hoy aún mejor?

_____

_____

_____

_____

¿Cuál es mi meta más importante para mañana?

_____

_____

_____

_____

Semana 20

A los 18 años, decidí no tener otro mal día en mi vida. Me sumergí en un mar infinito de gratitud del que nunca emergí.

Patch Adams

Date:_____/_____/_____

Fecha:_____/_____/_____

Tres cosas que agradezco en mi vida:

_____
_____
_____
_____

Tres cosas que he hecho particularmente bien hoy:

_____
_____
_____
_____

Tres cosas positivas que han pasado hoy:

_____
_____
_____
_____

¿Cómo podría haber hecho el día de hoy aún mejor?

_____
_____
_____
_____

¿Cuál es mi meta más importante para mañana?

_____
_____
_____
_____

Fecha:_____/_____/_____

Tres cosas que agradezco en mi vida:

_____
_____
_____
_____

Tres cosas que he hecho particularmente bien hoy:

_____
_____
_____
_____

Tres cosas positivas que han pasado hoy:

_____
_____
_____
_____

¿Cómo podría haber hecho el día de hoy aún mejor?

_____
_____
_____
_____

¿Cuál es mi meta más importante para mañana?

_____
_____

_____

_____

Fecha:_____/_____/_____

Tres cosas que agradezco en mi vida:

_____

_____

_____

_____

Tres cosas que he hecho particularmente bien hoy:

_____

_____

_____

_____

Tres cosas positivas que han pasado hoy:

_____

_____

_____

_____

¿Cómo podría haber hecho el día de hoy aún mejor?

_____

_____

_____

_____

¿Cuál es mi meta más importante para mañana?

_____

_____

Fecha:_____/_____/_____

Tres cosas que agradezco en mi vida:

_____
_____
_____
_____

Tres cosas que he hecho particularmente bien hoy:

_____
_____
_____
_____

Tres cosas positivas que han pasado hoy:

_____
_____
_____
_____

¿Cómo podría haber hecho el día de hoy aún mejor?

_____
_____
_____
_____

¿Cuál es mi meta más importante para mañana?

_____
_____

Fecha:_____/_____/_____

Tres cosas que agradezco en mi vida:

_____
_____
_____
_____

Tres cosas que he hecho particularmente bien hoy:

_____
_____
_____
_____

Tres cosas positivas que han pasado hoy:

_____
_____
_____
_____

¿Cómo podría haber hecho el día de hoy aún mejor?

_____
_____
_____
_____

¿Cuál es mi meta más importante para mañana?

_____
_____
_____
_____

Fecha:_____/_____/_____

Tres cosas que agradezco en mi vida:

_____

_____

_____

_____

Tres cosas que he hecho particularmente bien hoy:

_____

_____

_____

_____

Tres cosas positivas que han pasado hoy:

_____

_____

_____

_____

¿Cómo podría haber hecho el día de hoy aún mejor?

_____

_____

_____

_____

¿Cuál es mi meta más importante para mañana?

_____

_____

_____

_____

Fecha:_____/_____/_____

Tres cosas que agradezco en mi vida:

_____
_____
_____
_____

Tres cosas que he hecho particularmente bien hoy:

_____
_____
_____
_____

Tres cosas positivas que han pasado hoy:

_____
_____
_____
_____

¿Cómo podría haber hecho el día de hoy aún mejor?

_____
_____
_____
_____

¿Cuál es mi meta más importante para mañana?

_____
_____
_____
_____

Semana 21

Cuando se trata de la vida, lo fundamental es si das las cosas por sentado o las recibes con gratitud.

Gilbert K. Chesterton

Date:_____/_____/_____

Fecha:_____/_____/_____

Tres cosas que agradezco en mi vida:

_____
_____
_____
_____

Tres cosas que he hecho particularmente bien hoy:

_____
_____
_____
_____

Tres cosas positivas que han pasado hoy:

_____
_____
_____
_____

¿Cómo podría haber hecho el día de hoy aún mejor?

_____
_____
_____
_____

¿Cuál es mi meta más importante para mañana?

_____
_____
_____
_____

Fecha:_____/_____/_____

Tres cosas que agradezco en mi vida:

_____
_____
_____
_____

Tres cosas que he hecho particularmente bien hoy:

_____
_____
_____
_____

Tres cosas positivas que han pasado hoy:

_____
_____
_____
_____

¿Cómo podría haber hecho el día de hoy aún mejor?

_____
_____
_____
_____

¿Cuál es mi meta más importante para mañana?

_____
_____

_____

_____

Fecha:_____/_____/_____

Tres cosas que agradezco en mi vida:

_____

_____

_____

_____

Tres cosas que he hecho particularmente bien hoy:

_____

_____

_____

_____

Tres cosas positivas que han pasado hoy:

_____

_____

_____

_____

¿Cómo podría haber hecho el día de hoy aún mejor?

_____

_____

_____

_____

¿Cuál es mi meta más importante para mañana?

_____

_____

_____

_____

Fecha:_____/_____/_____

Tres cosas que agradezco en mi vida:

_____

_____

_____

_____

Tres cosas que he hecho particularmente bien hoy:

_____

_____

_____

_____

Tres cosas positivas que han pasado hoy:

_____

_____

_____

_____

¿Cómo podría haber hecho el día de hoy aún mejor?

_____

_____

_____

_____

¿Cuál es mi meta más importante para mañana?

_____

_____

Fecha:_____/_____/_____

Tres cosas que agradezco en mi vida:

_____
_____
_____
_____

Tres cosas que he hecho particularmente bien hoy:

_____
_____
_____
_____

Tres cosas positivas que han pasado hoy:

_____
_____
_____
_____

¿Cómo podría haber hecho el día de hoy aún mejor?

_____
_____
_____
_____

¿Cuál es mi meta más importante para mañana?

_____
_____
_____
_____

Fecha:_____/_____/_____

Tres cosas que agradezco en mi vida:

_____
_____
_____
_____

Tres cosas que he hecho particularmente bien hoy:

_____
_____
_____
_____

Tres cosas positivas que han pasado hoy:

_____
_____
_____
_____

¿Cómo podría haber hecho el día de hoy aún mejor?

_____
_____
_____
_____

¿Cuál es mi meta más importante para mañana?

_____
_____
_____
_____

Fecha:_____/_____/_____

Tres cosas que agradezco en mi vida:

_____

_____

_____

_____

Tres cosas que he hecho particularmente bien hoy:

_____

_____

_____

_____

Tres cosas positivas que han pasado hoy:

_____

_____

_____

_____

¿Cómo podría haber hecho el día de hoy aún mejor?

_____

_____

_____

_____

¿Cuál es mi meta más importante para mañana?

_____

_____

_____

_____

Semana 22

Estoy en un constante estado de gratitud.

Mandy Patinkin

*tienes 5 semanas más de Gratitud en este diario. Un buen momento para pedir tu próximo o comprarte un cuaderno para no perder el hábito. :-)

Fecha:_____/_____/_____

Tres cosas que agradezco en mi vida:

_____
_____
_____
_____

Tres cosas que he hecho particularmente bien hoy:

_____
_____
_____
_____

Tres cosas positivas que han pasado hoy:

_____
_____
_____
_____

¿Cómo podría haber hecho el día de hoy aún mejor?

_____
_____
_____
_____

¿Cuál es mi meta más importante para mañana?

_____
_____
_____
_____

Fecha:_____/_____/_____

Tres cosas que agradezco en mi vida:

_____
_____
_____
_____

Tres cosas que he hecho particularmente bien hoy:

_____
_____
_____
_____

Tres cosas positivas que han pasado hoy:

_____
_____
_____
_____

¿Cómo podría haber hecho el día de hoy aún mejor?

_____
_____
_____
_____

¿Cuál es mi meta más importante para mañana?

_____
_____
_____
_____

Fecha:_____/_____/_____

Tres cosas que agradezco en mi vida:

_____

_____

_____

_____

Tres cosas que he hecho particularmente bien hoy:

_____

_____

_____

_____

Tres cosas positivas que han pasado hoy:

_____

_____

_____

_____

¿Cómo podría haber hecho el día de hoy aún mejor?

_____

_____

_____

_____

¿Cuál es mi meta más importante para mañana?

_____

_____

_____

Fecha:_____/_____/_____

Tres cosas que agradezco en mi vida:

_____

_____

_____

_____

Tres cosas que he hecho particularmente bien hoy:

_____

_____

_____

_____

Tres cosas positivas que han pasado hoy:

_____

_____

_____

_____

¿Cómo podría haber hecho el día de hoy aún mejor?

_____

_____

_____

_____

¿Cuál es mi meta más importante para mañana?

_____

_____

_____

_____

Fecha:_____/_____/_____

Tres cosas que agradezco en mi vida:

_____
_____
_____
_____

Tres cosas que he hecho particularmente bien hoy:

_____
_____
_____
_____

Tres cosas positivas que han pasado hoy:

_____
_____
_____
_____

¿Cómo podría haber hecho el día de hoy aún mejor?

_____
_____
_____
_____

¿Cuál es mi meta más importante para mañana?

_____
_____
_____
_____

Fecha:_____/_____/_____

Tres cosas que agradezco en mi vida:

_____
_____
_____
_____

Tres cosas que he hecho particularmente bien hoy:

_____
_____
_____
_____

Tres cosas positivas que han pasado hoy:

_____
_____
_____
_____

¿Cómo podría haber hecho el día de hoy aún mejor?

_____
_____
_____
_____

¿Cuál es mi meta más importante para mañana?

_____
_____
_____
_____

Fecha:_____/_____/_____

Tres cosas que agradezco en mi vida:

_____

_____

_____

_____

Tres cosas que he hecho particularmente bien hoy:

_____

_____

_____

_____

Tres cosas positivas que han pasado hoy:

_____

_____

_____

_____

¿Cómo podría haber hecho el día de hoy aún mejor?

_____

_____

_____

_____

¿Cuál es mi meta más importante para mañana?

_____

_____

_____

_____

Week 23

Cuando nos enfocamos en nuestra gratitud, la marea de decepción se va y la marea de amor entra.

Kristin Armstrong

Fecha:_____/_____/_____

Tres cosas que agradezco en mi vida:

_____
_____
_____
_____

Tres cosas que he hecho particularmente bien hoy:

_____
_____
_____
_____

Tres cosas positivas que han pasado hoy:

_____
_____
_____
_____

¿Cómo podría haber hecho el día de hoy aún mejor?

_____
_____
_____
_____

¿Cuál es mi meta más importante para mañana?

_____
_____
_____
_____

Fecha:_____/_____/_____

Tres cosas que agradezco en mi vida:

_____
_____
_____
_____

Tres cosas que he hecho particularmente bien hoy:

_____
_____
_____
_____

Tres cosas positivas que han pasado hoy:

_____
_____
_____
_____

¿Cómo podría haber hecho el día de hoy aún mejor?

_____
_____
_____
_____

¿Cuál es mi meta más importante para mañana?

_____
_____
_____
_____

Fecha:_____/_____/_____

Tres cosas que agradezco en mi vida:

_____
_____
_____
_____

Tres cosas que he hecho particularmente bien hoy:

_____
_____
_____
_____

Tres cosas positivas que han pasado hoy:

_____
_____
_____
_____

¿Cómo podría haber hecho el día de hoy aún mejor?

_____
_____
_____
_____

¿Cuál es mi meta más importante para mañana?

_____
_____
_____
_____

Fecha:_____/_____/_____

Tres cosas que agradezco en mi vida:

_____
_____
_____
_____

Tres cosas que he hecho particularmente bien hoy:

_____
_____
_____
_____

Tres cosas positivas que han pasado hoy:

_____
_____
_____
_____

¿Cómo podría haber hecho el día de hoy aún mejor?

_____
_____
_____
_____

¿Cuál es mi meta más importante para mañana?

_____
_____
_____
_____

Fecha:_____/_____/_____

Tres cosas que agradezco en mi vida:

_____
_____
_____
_____

Tres cosas que he hecho particularmente bien hoy:

_____
_____
_____
_____

Tres cosas positivas que han pasado hoy:

_____
_____
_____
_____

¿Cómo podría haber hecho el día de hoy aún mejor?

_____
_____
_____
_____

¿Cuál es mi meta más importante para mañana?

_____
_____
_____
_____

Fecha:_____/_____/_____

Tres cosas que agradezco en mi vida:

_____
_____
_____
_____

Tres cosas que he hecho particularmente bien hoy:

_____
_____
_____
_____

Tres cosas positivas que han pasado hoy:

_____
_____
_____
_____

¿Cómo podría haber hecho el día de hoy aún mejor?

_____
_____
_____
_____

¿Cuál es mi meta más importante para mañana?

_____
_____
_____
_____

Fecha:_____/_____/_____

Tres cosas que agradezco en mi vida:

_____
_____
_____
_____

Tres cosas que he hecho particularmente bien hoy:

_____
_____
_____
_____

Tres cosas positivas que han pasado hoy:

_____
_____
_____
_____

¿Cómo podría haber hecho el día de hoy aún mejor?

_____
_____
_____
_____

¿Cuál es mi meta más importante para mañana?

_____
_____
_____
_____

Semana 24

Nadie dijo que aprender sería fácil, pero es parte del proceso de evolución como ser humano, y todos tenemos que pasar por eso. Cuando miro hacia atrás, veo que cada momento difícil trajo una lección importante. Y prefiero mirarlo con gratitud porque no sería quien soy hoy si no hubiera pasado por todo.

Gisele Bundchen

Fecha:_____/_____/_____

Tres cosas que agradezco en mi vida:

_____
_____
_____
_____

Tres cosas que he hecho particularmente bien hoy:

_____
_____
_____
_____

Tres cosas positivas que han pasado hoy:

_____
_____
_____
_____

¿Cómo podría haber hecho el día de hoy aún mejor?

_____
_____
_____
_____

¿Cuál es mi meta más importante para mañana?

_____
_____
_____
_____

Fecha:_____/_____/_____

Tres cosas que agradezco en mi vida:

_____
_____
_____
_____

Tres cosas que he hecho particularmente bien hoy:

_____
_____
_____
_____

Tres cosas positivas que han pasado hoy:

_____
_____
_____
_____

¿Cómo podría haber hecho el día de hoy aún mejor?

_____
_____
_____
_____

¿Cuál es mi meta más importante para mañana?

_____
_____
_____
_____

Fecha:_____/_____/_____

Tres cosas que agradezco en mi vida:

_____
_____
_____
_____

Tres cosas que he hecho particularmente bien hoy:

_____
_____
_____
_____

Tres cosas positivas que han pasado hoy:

_____
_____
_____
_____

¿Cómo podría haber hecho el día de hoy aún mejor?

_____
_____
_____
_____

¿Cuál es mi meta más importante para mañana?

_____
_____
_____
_____

Fecha:_____/_____/_____

Tres cosas que agradezco en mi vida:

_____

_____

_____

_____

Tres cosas que he hecho particularmente bien hoy:

_____

_____

_____

_____

Tres cosas positivas que han pasado hoy:

_____

_____

_____

_____

¿Cómo podría haber hecho el día de hoy aún mejor?

_____

_____

_____

_____

¿Cuál es mi meta más importante para mañana?

_____

_____

_____

_____

Fecha:_____/_____/_____

Tres cosas que agradezco en mi vida:

_____
_____
_____
_____

Tres cosas que he hecho particularmente bien hoy:

_____
_____
_____
_____

Tres cosas positivas que han pasado hoy:

_____
_____
_____
_____

¿Cómo podría haber hecho el día de hoy aún mejor?

_____
_____
_____
_____

¿Cuál es mi meta más importante para mañana?

_____
_____
_____
_____

Fecha:_____/_____/_____

Tres cosas que agradezco en mi vida:

_____
_____
_____
_____

Tres cosas que he hecho particularmente bien hoy:

_____
_____
_____
_____

Tres cosas positivas que han pasado hoy:

_____
_____
_____
_____

¿Cómo podría haber hecho el día de hoy aún mejor?

_____
_____
_____
_____

¿Cuál es mi meta más importante para mañana?

_____
_____
_____
_____

Fecha:_____/_____/_____

Tres cosas que agradezco en mi vida:

_____
_____
_____
_____

Tres cosas que he hecho particularmente bien hoy:

_____
_____
_____
_____

Tres cosas positivas que han pasado hoy:

_____
_____
_____
_____

¿Cómo podría haber hecho el día de hoy aún mejor?

_____
_____
_____
_____

¿Cuál es mi meta más importante para mañana?

_____
_____
_____
_____

Semana 25

Es posible que no sea la estrella de cine número uno o que mis películas no funcionen demasiado bien. Estoy agradecido por lo que la vida me ha ofrecido. Tengo una gran familia, mis padres están juntos, tengo una hermana genial, me voy de vacaciones. Todas estas cosas me hacen agradecido por la vida, por todo. Siempre digo: ten una actitud de gratitud

Sonam Kapoor

Fecha:_____/_____/_____

Tres cosas que agradezco en mi vida:

_____
_____
_____
_____

Tres cosas que he hecho particularmente bien hoy:

_____
_____
_____
_____

Tres cosas positivas que han pasado hoy:

_____
_____
_____
_____

¿Cómo podría haber hecho el día de hoy aún mejor?

_____
_____
_____
_____

¿Cuál es mi meta más importante para mañana?

_____
_____
_____
_____

Fecha:_____/_____/_____

Tres cosas que agradezco en mi vida:

_____
_____
_____
_____

Tres cosas que he hecho particularmente bien hoy:

_____
_____
_____
_____

Tres cosas positivas que han pasado hoy:

_____
_____
_____
_____

¿Cómo podría haber hecho el día de hoy aún mejor?

_____
_____
_____
_____

¿Cuál es mi meta más importante para mañana?

_____
_____
_____
_____

Fecha:_____/_____/_____

Tres cosas que agradezco en mi vida:

_____
_____
_____
_____

Tres cosas que he hecho particularmente bien hoy:

_____
_____
_____
_____

Tres cosas positivas que han pasado hoy:

_____
_____
_____
_____

¿Cómo podría haber hecho el día de hoy aún mejor?

_____
_____
_____
_____

¿Cuál es mi meta más importante para mañana?

_____
_____
_____
_____

Fecha:_____/_____/_____

Tres cosas que agradezco en mi vida:

_____
_____
_____
_____

Tres cosas que he hecho particularmente bien hoy:

_____
_____
_____
_____

Tres cosas positivas que han pasado hoy:

_____
_____
_____
_____

¿Cómo podría haber hecho el día de hoy aún mejor?

_____
_____
_____
_____

¿Cuál es mi meta más importante para mañana?

_____
_____
_____
_____

Fecha:_____/_____/_____

Tres cosas que agradezco en mi vida:

_____

_____

_____

_____

Tres cosas que he hecho particularmente bien hoy:

_____

_____

_____

_____

Tres cosas positivas que han pasado hoy:

_____

_____

_____

_____

¿Cómo podría haber hecho el día de hoy aún mejor?

_____

_____

_____

_____

¿Cuál es mi meta más importante para mañana?

_____

_____

_____

_____

Fecha:_____/_____/_____

Tres cosas que agradezco en mi vida:

_____
_____
_____
_____

Tres cosas que he hecho particularmente bien hoy:

_____
_____
_____
_____

Tres cosas positivas que han pasado hoy:

_____
_____
_____
_____

¿Cómo podría haber hecho el día de hoy aún mejor?

_____
_____
_____
_____

¿Cuál es mi meta más importante para mañana?

_____
_____
_____
_____

Fecha:_____/_____/_____

Tres cosas que agradezco en mi vida:

_____
_____
_____
_____

Tres cosas que he hecho particularmente bien hoy:

_____
_____
_____
_____

Tres cosas positivas que han pasado hoy:

_____
_____
_____
_____

¿Cómo podría haber hecho el día de hoy aún mejor?

_____
_____
_____
_____

¿Cuál es mi meta más importante para mañana?

_____
_____
_____
_____

Semana 26

Levantémonos y agradezcamos, porque si no aprendimos mucho hoy, al menos aprendimos un poco, y si no aprendimos un poco, al menos no nos enfermamos, y si nos enfermamos , al menos no morimos; entonces, seamos todos agradecidos.

Buddha

Fecha:_____/_____/_____

Tres cosas que agradezco en mi vida:

_____

_____

_____

_____

Tres cosas que he hecho particularmente bien hoy:

_____

_____

_____

_____

Tres cosas positivas que han pasado hoy:

_____

_____

_____

_____

¿Cómo podría haber hecho el día de hoy aún mejor?

_____

_____

_____

_____

¿Cuál es mi meta más importante para mañana?

_____

_____

_____

_____

Fecha:_____/_____/_____

Tres cosas que agradezco en mi vida:

_____
_____
_____
_____

Tres cosas que he hecho particularmente bien hoy:

_____
_____
_____
_____

Tres cosas positivas que han pasado hoy:

_____
_____
_____
_____

¿Cómo podría haber hecho el día de hoy aún mejor?

_____
_____
_____
_____

¿Cuál es mi meta más importante para mañana?

_____
_____
_____

Fecha:_____/_____/_____

Tres cosas que agradezco en mi vida:

_____
_____
_____
_____

Tres cosas que he hecho particularmente bien hoy:

_____
_____
_____
_____

Tres cosas positivas que han pasado hoy:

_____
_____
_____
_____

¿Cómo podría haber hecho el día de hoy aún mejor?

_____
_____
_____
_____

¿Cuál es mi meta más importante para mañana?

_____
_____
_____
_____

Fecha:_____/_____/_____

Tres cosas que agradezco en mi vida:

_____
_____
_____
_____

Tres cosas que he hecho particularmente bien hoy:

_____
_____
_____
_____

Tres cosas positivas que han pasado hoy:

_____
_____
_____
_____

¿Cómo podría haber hecho el día de hoy aún mejor?

_____
_____
_____
_____

¿Cuál es mi meta más importante para mañana?

_____
_____
_____
_____

Fecha:_____/_____/_____

Tres cosas que agradezco en mi vida:

_____

_____

_____

_____

Tres cosas que he hecho particularmente bien hoy:

_____

_____

_____

_____

Tres cosas positivas que han pasado hoy:

_____

_____

_____

_____

¿Cómo podría haber hecho el día de hoy aún mejor?

_____

_____

_____

_____

¿Cuál es mi meta más importante para mañana?

_____

_____

_____

_____

Fecha:_____/_____/_____

Tres cosas que agradezco en mi vida:

_____
_____
_____
_____

Tres cosas que he hecho particularmente bien hoy:

_____
_____
_____
_____

Tres cosas positivas que han pasado hoy:

_____
_____
_____
_____

¿Cómo podría haber hecho el día de hoy aún mejor?

_____
_____
_____
_____

¿Cuál es mi meta más importante para mañana?

_____
_____
_____
_____

Fecha:_____/_____/_____

Tres cosas que agradezco en mi vida:

_____
_____
_____
_____

Tres cosas que he hecho particularmente bien hoy:

_____
_____
_____
_____

Tres cosas positivas que han pasado hoy:

_____
_____
_____
_____

¿Cómo podría haber hecho el día de hoy aún mejor?

_____
_____
_____
_____

¿Cuál es mi meta más importante para mañana?

_____
_____
_____
_____

Una cosa más...

Si este libro te ha inspirado y deseas ayudar a otras personas a alcanzar sus metas y mejorar sus vidas, aquí hay algunos pasos de acción que puedes tomar de inmediato para hacer una diferencia positiva:

- Regala el libro a amigos, familiares, colegas e incluso extraños para que también puedan aprender a alcanzar sus metas y vivir una vida excelente.

- Comparte tus pensamientos sobre este libro en Twitter, Facebook e Instagram (¡etiquetame!) o escriba una reseña del libro. Ayuda a otras personas a encontrarlo.

- Si eres dueño de un negocio o si eres gerente, o incluso si no lo eres, regala algunas copias a tu equipo o tus empleados y mejora la productividad y el bienestar de tu empresa. Ponte en contacto conmigo en marc@marcreklau.com. Te daré un descuento del 30% en pedidos de más de 15 ejemplares.

- Si tienes un Podcast o conoces a alguien que tiene uno, pídeles que me entrevisten. Siempre estoy feliz de difundir el mensaje de 30 DÍAS y ayudar a las personas a mejorar sus vidas. También puedes pedirle a tu periódico local, estación de radio o medios de comunicación en línea que me entrevisten :)

Sobre el Autor

Marc Reklau es *coach*, conferenciante y autor de 9 libros, incluido el bestseller internacional "30 Días: cambia de hábitos, cambia de vida", que desde abril de 2015 se ha vendido y descargado más de 180,000 veces y se ha traducido al español, alemán, japonés, chino, ruso, tailandés, indonesio, portugués y coreano, entre otros.

Escribió el libro en 2014 después de ser despedido de su trabajo y, literalmente, pasó de estar desempleado a Bestseller.

La versión en español de su libro "Destination Happiness" (Destino Felicidad) ha sido publicada por el grupo Planeta (Temas de Hoy) en enero de 2018.

La misión de Marc es capacitar a las personas para crear la vida que desean y darles los recursos y las herramientas para que esto suceda.

Su mensaje es simple: muchas personas quieren cambiar cosas en sus vidas, pero pocas están dispuestas a hacer un conjunto simple de ejercicios constantemente durante un determinado período de tiempo. Puedes planificar y crear el éxito y la felicidad en tu vida instalando hábitos que te apoyen en el camino hacia tus metas.

Si deseas trabajar con Marc, comunícate directamente con él escribiendo un mail a marc@marcreklau.com. Encontrarás más información sobre el en sus páginas de web www.marcreklau.com, y www.goodhabitsacademy.com.

Tambien puedes conectar con él en redes sociales. Está en Twitter, Facebook, Instagram y Linkedin.

También te puede interesa:

30 Días - Cambia de hábitos, cambia de vida

Contiene las mejores estrategias para ayudarlo a crear la vida que desea. El libro se basa en ciencia, neurociencia, psicología positiva y ejemplos de la vida real, y contiene los mejores ejercicios para crear rápidamente un impulso hacia una vida más feliz, saludable y rica. ¡Treinta días realmente pueden marcar la diferencia si haces las cosas consistentemente y desarrollas nuevos hábitos!

Más de 200,000 ventas y descargas desde marzo de 2015.

Del Paro a Amazon Bestseller

Del Paro a Amazon Bestseller te enseña paso a paso el sistema simple que el autor Marc Reklau utilizaba para escribir, publicar, comercializar y promocionar sus libros para llegar a más de 200,000 ventas y descargas en Amazon y en el mundo.

La Revolución de la Productividad

¿Qué pasaría si pudieras aumentar dramáticamente tu productividad? ¿Qué pasaría si pudieras dejar de sentirte abrumado y tener una hora extra al día para hacer las cosas que amas? ¿Qué significaría para ti tener tiempo para pasar con tu familia, un tiempo a solas para leer o hacer ejercicio?
Aprende las mejores estrategias para duplicar tu productividad en este libro.

¡Más de 10,000 copias vendidas!

Destino Felicidad

En Destination Happiness Marc te enseña ejercicios y hábitos científicamente probados que te ayudarán a lograr una vida exitosa, significativa y feliz. La ciencia ha demostrado que la felicidad y el optimismo se pueden aprender. ¡Aprende los mejores métodos científicamente probados para mejorar tu vida ahora y no te dejes engañar por la simplicidad de algunos de los ejercicios!

Quiérete ¡Y Mucho!

Tener una autoestima saludable es ser felices con nosotros mismos y creer que merecemos disfrutar de las cosas buenas de la vida, exactamente como cualquier otra persona en este planeta. Nuestra autoestima impacta cada área de nuestra vida: nuestra confianza en nosotros mismos, nuestras relaciones con otros, la pareja o el trabajo que elegimos, nuestra felicidad, nuestra paz interior e incluso nuestro éxito personal y profesional. Este libro te muestra de una manera muy simple y divertida cómo elevar tu autoestima haciendo algunos de los pequeños ejercicios que te presenta.

Como ser un Imán para las Personas

Este libro te revela los secretos y la psicología detrás de las relaciones exitosas con otras personas.

Tu éxito y felicidad en la vida, en tu casa y en los negocios, dependen en gran medida de cómo te llevas con otras personas. **Las personas más exitosas,** a menudo, no son las que tienen una inteligencia superior o las mejores habilidades, y las personas más felices la mayoría de las veces no son más inteligentes que nosotros, pero **son las que tienen las mejores habilidades de las personas.**

Se vendieron más de 1300 copias en el mes de su lanzamiento..

El Poder de la Gratitud

"El Poder de la Gratitud" revela **los beneficios científicamente probados de la gratitud.** La gratitud se considera la mejor y más impactante intervención de la ciencia de la psicología positiva. Estar agradecido por todo lo que tienes en la vida e incluso las cosas que aún no tienes cambiara todo. Cuanto más agradecido estés, mejor será tu vida.

Aprenderá siete ejercicios simples que te ayudarán a cosechar los beneficios científicamente probados de la gratitud, como ser más feliz, dormir mejor, deshacerse de los dolores de cabeza y la ansiedad, y mucho más.

Made in United States
Orlando, FL
19 December 2021

12187539R00124